I0013523

Big Data y Analítica Predictiva

Cómo los datos están revolucionando los negocios

Fabio García

Contenido

Introducción

💡 Big Data y Analítica Predictiva – Cómo los datos están revolucionando negocios y decisiones estratégicas

◆ ■ El nuevo oro del siglo XXI: los datos

En la era digital, los datos se han convertido en el recurso más valioso del mundo. Superan al petróleo en su capacidad para generar riqueza, transformar industrias y redefinir el modo en que las organizaciones toman decisiones. Desde los clics que damos al navegar por internet, hasta las transacciones financieras y los sensores que recopilan información en fábricas, vivimos en una constante producción y acumulación de datos. A este fenómeno lo conocemos como *Big Data*.

◆ ● Del instinto a la inteligencia: una nueva forma de decidir

Durante siglos, las decisiones empresariales se tomaron basándose en la intuición, la experiencia o el "olfato del líder". Sin embargo, en un mundo hipercompetitivo, cambiante y digitalizado, depender únicamente de percepciones subjetivas ya no es suficiente. Hoy, las organizaciones más exitosas son aquellas que han sabido integrar la analítica de datos en su ADN estratégico.

La capacidad de predecir comportamientos, anticipar tendencias y optimizar procesos se ha convertido en una ventaja competitiva clave. Aquí es donde entra en juego la analítica predictiva.

◆ ♟ Qué es la analítica predictiva y por qué está cambiando todo

La analítica predictiva es una rama de la ciencia de datos que utiliza algoritmos, inteligencia artificial y modelos matemáticos para prever lo que podría suceder en el futuro. No se trata simplemente de mirar el pasado, sino de proyectar escenarios con alta precisión, permitiendo a las organizaciones tomar decisiones proactivas. Gracias a ella, es posible predecir la rotación de clientes, anticipar fallas en equipos industriales, estimar la demanda de productos, e incluso identificar fraudes antes de que ocurran.

◆ 🚀 De startups a gigantes: todos pueden aprovechar el poder de los datos

Tanto las grandes corporaciones como las pequeñas empresas pueden beneficiarse del Big Data y la analítica predictiva.

Las tecnologías son cada vez más accesibles, y existen herramientas, plataformas y modelos que se adaptan a diferentes escalas. Lo importante no es tener cantidades inmensas de datos, sino saber extraer valor de ellos de forma inteligente. El conocimiento se ha democratizado, y con él, las oportunidades para innovar, optimizar y crecer estratégicamente.

◆ ● ¿Qué encontrarás en este ebook?

Este libro ha sido diseñado para ser una guía clara, profunda y profesional sobre cómo los datos están revolucionando los negocios y las decisiones estratégicas. A lo largo de sus capítulos, exploraremos conceptos fundamentales, tecnologías, casos reales y herramientas prácticas que permitirán entender el impacto del Big Data y la analítica predictiva en todos los sectores. También abordaremos los desafíos éticos, las oportunidades futuras y cómo dar los primeros pasos hacia una cultura organizacional orientada a los datos.

◆ 👤 ¿A quién va dirigido este libro?

Este ebook está dirigido a líderes empresariales, emprendedores, gerentes, analistas, tecnólogos, estudiantes y cualquier persona interesada en entender cómo los datos pueden transformar organizaciones. No es necesario ser un experto técnico: lo importante es tener la visión de que los datos son una herramienta estratégica indispensable en el mundo actual.

◆ 📌 Una advertencia final: quien no use los datos, quedará atrás

La revolución del Big Data no es una moda pasajera. Es un cambio estructural en la forma de operar, competir y evolucionar. Las empresas que no abracen esta transformación corren el riesgo de quedar obsoletas.

● Capítulo 1: ¿Qué es Big Data?

◆ ◼ El contexto: una avalancha de datos sin precedentes

Vivimos en una época donde cada acción digital deja una huella. Cada segundo, millones de personas hacen búsquedas en Google, publican en redes sociales, usan aplicaciones, compran en línea, se geolocalizan con sus celulares y generan interacciones en la nube. Empresas, gobiernos, sensores industriales, cámaras, automóviles, relojes inteligentes y asistentes virtuales también producen flujos constantes de datos. Esta explosión de información ha dado origen a lo que hoy llamamos *Big Data*.

Big Data no es solo una gran cantidad de datos: es un concepto que abarca la complejidad, variedad y velocidad con la que estos datos se generan, procesan y utilizan para obtener conocimiento y valor estratégico.

◆ 🔍 Las 5 Vs del Big Data: los pilares fundamentales

El Big Data se caracteriza por cinco dimensiones clave que lo definen y diferencian de los datos tradicionales. Estas son conocidas como las 5 Vs:

El Big Data se caracteriza por cinco dimensiones clave que lo definen y diferencian de los datos tradicionales. Estas son conocidas como las 5 Vs:

- ⬢ Volumen: Se refiere a la enorme cantidad de datos generados cada segundo. Estamos hablando de terabytes, petabytes e incluso exabytes. Por ejemplo, Facebook procesa más de 4 petabytes de datos por día.

- ⚡ Velocidad: Es la rapidez con la que los datos son generados y deben ser procesados. En algunos casos, como los datos financieros o de sensores industriales, se requiere procesamiento en tiempo real.

- 🐾 Variedad: Los datos provienen de múltiples fuentes y en distintos formatos: estructurados (bases de datos), no estructurados (videos, imágenes, texto libre) y semiestructurados (XML, JSON).

- 🔍 Veracidad: Hace referencia a la calidad, precisión y confiabilidad de los datos. Datos erróneos o incompletos pueden llevar a conclusiones equivocadas.

◆ **Valor:** Es el objetivo final del Big Data. No basta con almacenar datos: hay que analizarlos, interpretarlos y transformarlos en conocimiento útil y aplicable.

◆ 🧬 **Tipos de datos en Big Data**

En el mundo del Big Data, no todos los datos son iguales. Según su estructura y origen, se pueden clasificar en:

- ◖ **Datos estructurados:** Son datos organizados y almacenados en bases de datos relacionales, como nombres, fechas, números y direcciones. Son fáciles de consultar y analizar con herramientas tradicionales (SQL, Excel).

- ■ **Datos no estructurados:** Son los más abundantes. Incluyen imágenes, audios, videos, correos electrónicos, publicaciones en redes sociales, etc. Requieren técnicas avanzadas para ser analizados (NLP, visión por computadora, etc.).

🔗 Datos semiestructurados: **Tienen cierta organización, pero no siguen un modelo rígido. Ejemplos comunes son archivos JSON, XML o correos con metadatos.**

◆ 🏗 Infraestructura tecnológica: la columna vertebral del Big Data

Para almacenar y procesar esta inmensidad de datos, se necesita una infraestructura robusta, escalable y flexible. Algunas tecnologías clave que lo hacen posible son:

- 🐘 **Hadoop:** Un framework de código abierto que permite el almacenamiento distribuido de grandes volúmenes de datos en clusters. Utiliza HDFS (Hadoop Distributed File System) y MapReduce para procesamiento paralelo.

- ⚡ **Apache Spark:** Una evolución de Hadoop, más rápida y eficiente, especialmente para procesamiento en memoria y análisis complejos.

- ⬛ **Bases de datos NoSQL:** Como MongoDB, Cassandra o Couchbase, diseñadas para manejar datos no estructurados y trabajar con grandes volúmenes de información de manera ágil.

- **Cloud computing:** Plataformas como Amazon Web Services (AWS), Google Cloud Platform (GCP) o Microsoft Azure ofrecen servicios escalables de almacenamiento, procesamiento y análisis de datos, sin necesidad de mantener infraestructura física propia.

◆ ● ¿Por qué el Big Data es tan revolucionario?

El Big Data cambia las reglas del juego porque permite ver patrones que antes eran invisibles. Gracias a su análisis:

21

- ● Las empresas pueden anticipar comportamientos de clientes

- 🔧 Los fabricantes pueden predecir fallas antes de que ocurran

- 🚗 Los gobiernos pueden detectar fraudes o planificar ciudades inteligentes

- 💼 Los médicos pueden personalizar tratamientos y prevenir enfermedades

Big Data no se trata solo de acumular información, sino de saber qué hacer con ella. Quien domine el arte de convertir datos en decisiones, liderará el futuro.

◆ ♠ Casos simples para entender su impacto

- **Retail:** Analizando millones de tickets de venta, se pueden identificar qué productos se venden más en ciertos días, zonas o estaciones del año.

- **Streaming:** Plataformas como Netflix utilizan datos de visualización para recomendar películas y planificar nuevas producciones.

- **Transporte:** Uber y otras apps analizan datos en tiempo real para determinar precios dinámicos y reducir tiempos de espera.

◆ ● El punto de partida hacia la analítica

Big Data **es el cimiento sobre el que se construyen otras disciplinas analíticas más avanzadas, como la analítica predictiva, el machine learning o la inteligencia artificial. Comprender sus fundamentos no es solo una necesidad técnica, sino estratégica. En los siguientes capítulos, profundizaremos en cómo este océano de datos puede ser navegado con herramientas inteligentes para transformar radicalmente la forma en que vivimos, trabajamos y decidimos.**

🔍 Capítulo 2: Fundamentos de la Analítica Predictiva

💡 Cómo la ciencia de los datos anticipa el futuro y transforma la toma de decisiones

De mirar al pasado a anticipar el futuro: una evolución natural

◆ La analítica como viaje evolutivo

La analítica de datos no comenzó con la predicción. En sus inicios, las empresas recopilaban datos para entender lo que había pasado: cuánto vendieron, cuántos clientes perdieron, cuántas incidencias se reportaron. Era analítica descriptiva. Con el tiempo, surgió la necesidad de profundizar: ¿Por qué sucedió esto? Ahí nació la analítica diagnóstica.

◆ **Pero el verdadero valor está en mirar hacia adelante.**

La analítica predictiva marca el salto desde la mera interpretación de eventos pasados hacia la *anticipación de comportamientos futuros*. Cuando una empresa logra anticiparse, puede actuar de forma proactiva, tomar decisiones informadas y ganar una ventaja competitiva significativa.

◆ **Y aún más allá: la analítica prescriptiva.**

La analítica prescriptiva se apoya en modelos optimizadores, algoritmos de inteligencia artificial y simulaciones para recomendar acciones concretas. Es la evolución lógica tras saber qué podría pasar.

29

◼ Diferencias entre analítica descriptiva, predictiva y prescriptiva

◆ Analítica Descriptiva

- **Objetivo:** Comprender qué ocurrió.

- **Ejemplo:** "Las ventas bajaron un 20% en el último trimestre."

- **Herramientas comunes:** SQL, Excel, Power BI, dashboards.

◆ Analítica Diagnóstica

- **Objetivo:** Comprender por qué ocurrió.

- **Ejemplo:** "Las ventas bajaron por la caída en clientes frecuentes."

- **Técnicas:** Análisis de correlación, segmentación, drill down.

◆ Analítica Predictiva

- **Objetivo:** Saber qué va a ocurrir.

- **Ejemplo:** "Las ventas bajarán si continúa la tendencia actual."

- **Técnicas:** Machine Learning, regresión, series temporales, modelos predictivos.

◆ Analítica Prescriptiva

- **Objetivo**: Saber qué hacer para mejorar el futuro.

- **Ejemplo:** "Para aumentar ventas, sube el presupuesto en publicidad online en un 15%."

- **Herramientas:** IA, optimización matemática, modelos de simulación.

📌 *Este flujo analítico permite a las organizaciones tomar decisiones con una lógica basada en datos, no en corazonadas.*

♟ Técnicas estadísticas y de Machine Learning

◆ Las matemáticas al servicio del futuro

La analítica predictiva se apoya en un arsenal de técnicas estadísticas, modelos probabilísticos y algoritmos de machine learning que buscan patrones invisibles en grandes volúmenes de datos.

Algunas de las más relevantes:

■ Regresión lineal y logística:

- **Uso:** Predecir valores numéricos o probabilidades.

- **Ejemplo:** Calcular la facturación estimada en base al gasto en publicidad.

- **Logística:** Utilizada cuando la variable objetivo es binaria (ej. ¿comprará o no?).

♣ Árboles de decisión y Random Forest

- **Objetivo:** Separar categorías de manera óptima.

- **Ejemplo:** Distinguir entre clientes que pagan a tiempo y los que no.

● Redes neuronales y deep learning

- **Redes neuronales artificiales (ANN):** Imitan el comportamiento del cerebro humano.

- **Deep learning:** Múltiples capas ocultas permiten detectar patrones complejos, por ejemplo, para reconocimiento de imágenes o voz.

- **Ejemplo**: Predecir el nivel de satisfacción del cliente analizando sus correos o reseñas.

⌛ Modelos de series temporales

- **Ejemplo:** Predecir la demanda mensual de energía eléctrica.

- **Modelos populares:** ARIMA, SARIMA, Prophet, LSTM (red neuronal para secuencias).

● Clustering y segmentación

- **Técnicas no supervisadas para descubrir patrones sin necesidad de etiquetas.**

- **Ejemplo:** Agrupar consumidores en base a sus hábitos de compra.

◆ *Importante:* El poder predictivo de un modelo no radica únicamente en su complejidad, sino en la calidad de los datos, su relevancia y el contexto del problema de negocio.

🛠 Herramientas más utilizadas: el arsenal del analista moderno

🔧 Python

- Lenguaje versátil, gratuito y con una comunidad inmensa.

- Bibliotecas clave: pandas, scikit-learn, statsmodels, xgboost, TensorFlow, Keras.

- Ideal para todo: desde limpieza de datos hasta modelado profundo.

🔧 R

- Más orientado a estadísticos y científicos de datos clásicos.

- Excelentes gráficos y análisis inferenciales.

Recomendado para prototipos y análisis exploratorio.

🔧 RapidMiner y KNIME

- Plataformas visuales low-code o no-code.

- Permiten construir modelos predictivos arrastrando y soltando bloques.

- Muy usados en universidades y entornos corporativos no técnicos.

🔧 Power BI + Azure ML

- Microsoft ha integrado modelos de ML en sus herramientas de visualización.

- Perfecto para usuarios de negocio que quieren "predecir" sin escribir código.

🔧 Plataformas en la nube (AWS, Google Cloud, IBM Watson)

- Proveen entornos escalables, notebooks colaborativos y modelos preentrenados.

- Ideales para empresas que quieren llevar sus modelos a producción rápidamente.

Casos simples de predicción en negocios

🛒 Retail

- Predicción de demanda para evitar roturas de stock.

- Pronóstico de ventas para planificar producción y personal.

💼 Salud

- Predicción de reingresos hospitalarios.

- Modelos para anticipar enfermedades crónicas basados en historiales clínicos.

🏛 Finanzas

- Scoring de crédito: predicción de impagos.

- Detección de fraude: alertas automáticas según patrones inusuales.

📕 Educación

- Identificación de estudiantes en riesgo de deserción.

- Personalización de contenidos según desempeño previo.

🚗 Automotriz y logística

- Mantenimiento predictivo de flotas.

- Predicción de tiempos de entrega según clima y tráfico.

▌ Marketing y eCommerce

- Recomendaciones de productos basadas en comportamiento de navegación.

- Modelos de churn (abandono) para activar campañas de retención.

Pensar en datos es pensar en futuro

◆ *La analítica predictiva es el puente entre los datos y las decisiones inteligentes. En un entorno donde cada segundo genera millones de registros, quien sepa interpretarlos antes que los demás tendrá una ventaja decisiva.*

◆ *Pero no se trata solo de herramientas o algoritmos. Se trata de una nueva forma de pensar los negocios: una cultura donde las hipótesis se prueban con datos, las estrategias se optimizan con simulaciones y las oportunidades se detectan antes de que aparezcan.*

💼 Capítulo 3: Big Data en los Negocios

■ Cómo las industrias están revolucionando su estrategia a través de los datos

Cómo las industrias están revolucionando su estrategia a través de los datos

📇 Retail: Predicción de demanda y comportamiento de clientes

🛒 La nueva era del comercio inteligente

En el sector retail, el Big Data ha cambiado radicalmente las reglas del juego. Lo que antes era intuición, hoy es análisis avanzado, y lo que antes era reacción, hoy es predicción. Los datos permiten a las empresas anticipar la demanda, entender mejor al cliente y optimizar cada rincón de la cadena comercial.

🔍 Predicción de demanda

- Utilizando modelos de series temporales, análisis de estacionalidad y aprendizaje automático, las empresas pueden predecir con gran precisión cuántos productos venderán en un periodo determinado.

- Esto ayuda a optimizar inventarios, reducir pérdidas por sobrestock y minimizar quiebres de stock.

- **Ejemplo real:** Walmart analiza variables como clima, eventos locales y tendencias históricas para ajustar automáticamente sus niveles de stock en cada tienda.

● Comprensión del comportamiento del cliente

- A través de técnicas de segmentación, análisis de patrones de compra y datos en tiempo real (POS, apps, eCommerce), el retail crea perfiles de consumo hiperpersonalizados.

- Con estos datos, pueden enviar ofertas dirigidas, ajustar precios dinámicamente o rediseñar la experiencia de compra.

- **Ejemplo real:** Amazon utiliza modelos de recomendación y análisis de cohortes para sugerir productos y fidelizar a sus clientes, generando miles de millones en ventas adicionales.

■ Otras aplicaciones clave

- **Análisis de sentimiento:** Opiniones de clientes en redes sociales y reviews analizadas con NLP.

- **Optimización de layout en tienda:** Mediante sensores IoT que rastrean el flujo de clientes.

- **Precios dinámicos:** Algoritmos ajustan precios automáticamente según oferta y demanda.

🩺 Salud: Diagnóstico anticipado y gestión hospitalaria

✒ La medicina predictiva ya es una realidad

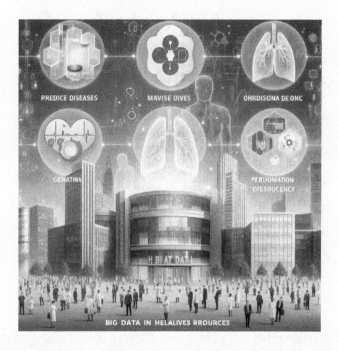

El Big Data en salud permite salvar vidas y optimizar recursos. Gracias al análisis de grandes volúmenes de datos clínicos, demográficos y genéticos, los sistemas sanitarios pueden prever enfermedades, personalizar tratamientos y mejorar la eficiencia operativa.

🧬 Diagnóstico anticipado de enfermedades

- Algoritmos de machine learning entrenados con historiales médicos pueden predecir la probabilidad de aparición de enfermedades crónicas como diabetes, cáncer o enfermedades cardiovasculares.

- **Ejemplo real:** Google DeepMind desarrolló un algoritmo capaz de detectar enfermedades oculares con la misma precisión que un médico especialista.

🏫 Gestión hospitalaria inteligente

- Big Data permite predecir picos de ocupación hospitalaria, mejorar la asignación de camas y optimizar tiempos de atención.

- Modelos analíticos también son usados para detectar pacientes con alto riesgo de readmisión.

- **Ejemplo real:** El Mount Sinai Health System en Nueva York usa modelos predictivos para priorizar pacientes en urgencias y asignar recursos críticos.

🔍 Análisis de imágenes médicas y genética

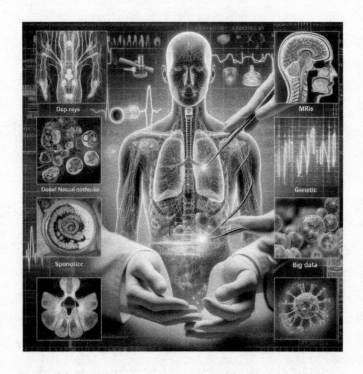

- Redes neuronales profundas son aplicadas al análisis de imágenes (rayos X, resonancias, biopsias digitales).

- También se usa Big Data para identificar patrones genéticos en enfermedades raras o cánceres difíciles de tratar.

🐾 Telemedicina y datos en tiempo real

- Dispositivos wearables recopilan datos en tiempo real sobre la salud de pacientes (ritmo cardíaco, glucosa, sueño, etc.).

- Estos datos son procesados para alertar al personal médico ante cualquier anomalía crítica.

💰 Finanzas: Scoring de crédito y detección de fraudes

■ Decisiones más precisas, riesgos más controlados

La industria financiera es uno de los sectores donde Big Data ha tenido un impacto más revolucionario. Permite evaluar riesgos en tiempo real, prevenir fraudes y optimizar el rendimiento de productos financieros.

■ Scoring de crédito avanzado

- Más allá de los métodos tradicionales, ahora se integran datos no estructurados: redes sociales, geolocalización, patrones de pago, comportamiento de navegación.

- Algoritmos de clasificación y modelos de aprendizaje supervisado son entrenados para determinar la probabilidad de impago.

- Ejemplo real: ZestFinance utiliza machine learning para ofrecer microcréditos a personas sin historial crediticio formal en países emergentes.

🛡 Detección de fraudes en tiempo real

- Big Data permite monitorear transacciones a gran escala y detectar patrones inusuales instantáneamente.

- Se usan técnicas de clustering, redes bayesianas y detección de anomalías

- **Ejemplo real:** Visa analiza miles de variables en menos de un segundo para bloquear transacciones fraudulentas antes de que ocurran.

◼ Optimización de portafolios y análisis bursátil

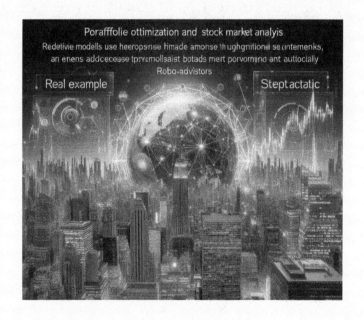

- Modelos predictivos estiman movimientos de mercado, analizan sentimientos financieros en redes y ajustan portafolios automáticamente (robo-advisors).

- **Ejemplo real:** Hedge funds como Renaissance Technologies utilizan Big Data para crear algoritmos que superan el rendimiento promedio del mercado.

✈ Logística: Rutas inteligentes y optimización de entregas

🚚 La logística inteligente es la columna vertebral del eCommerce moderno

Big Data permite transformar la cadena de suministro tradicional en una red ágil, eficiente y capaz de responder en tiempo real a cambios de demanda o imprevistos.

● Optimización de rutas y tiempos de entrega

- Algoritmos de optimización (como el Problema del Viajante) y análisis geoespacial permiten definir las rutas más eficientes.

- Variables consideradas: tráfico en tiempo real, condiciones climáticas, carga del vehículo, ventanas de entrega, etc.

- **Ejemplo real:** UPS ahorra millones de dólares al año con su sistema ORION, que calcula las rutas más eficientes para más de 55,000 vehículos al día.

■ Gestión predictiva de inventarios y distribución

- Análisis de datos históricos y en tiempo real ayuda a prever rupturas de stock y ajustar automáticamente el reabastecimiento.

- Modelos de pronóstico anticipan cambios de comportamiento del consumidor para reconfigurar la red logística.

- **Ejemplo real:** Amazon utiliza sensores IoT y predicción de demanda para decidir incluso dónde almacenar productos antes de que sean pedidos.

📡 Seguimiento en tiempo real y mantenimiento predictivo

- Sensores en flotas permiten monitorear la salud de vehículos, predecir fallas y programar mantenimientos antes de que ocurran.

- Esto reduce costos operativos y evita retrasos por fallos inesperados.

🗨 El negocio que domina sus datos, domina su industria

Conclusión: El negocio que domina sus datos, domina su industria

◆ *En cada sector, el Big Data no solo genera eficiencia, sino una nueva forma de pensar y operar.*

◆ *Ya no se trata de tener información, sino de convertirla en acción y estrategia.*

◆ *Aquellas empresas que integren el Big Data como parte de su ADN, desde la cultura hasta los procesos, serán las que lideren el futuro.*

■ Capítulo 4: Transformando la Estrategia Empresarial con Datos

Cómo el Big Data está redefiniendo la toma de decisiones y la ventaja competitiva

● Toma de decisiones basada en evidencia

📌 *Del instinto a la certeza informada*

Durante décadas, muchas decisiones empresariales se basaron en la intuición, la experiencia o incluso la presión jerárquica. Sin embargo, la irrupción del Big Data ha permitido migrar hacia una toma de decisiones objetiva, informada y respaldada por evidencia empírica.

■ Data-driven decision making (DDDM)

- Esta metodología se basa en el uso

sistemático de datos para guiar decisiones estratégicas, operativas y tácticas.

- Implica recolectar, procesar y analizar datos de múltiples fuentes (internas y externas), para generar insights accionables y medibles.

● Beneficios clave de la toma de decisiones basada en evidencia:

- Reducción significativa de riesgos.

- Mayor alineación entre decisiones y resultados reales

- Mejora continua basada en métricas concretas.

- Mayor confianza del equipo y stakeholders en las decisiones tomadas.

🔦 **Ejemplo real:** Netflix analiza millones de datos sobre hábitos de visualización, duración de sesiones, ratings y más, para decidir no solo qué contenidos producir, sino incluso cómo titularlos y cuándo lanzarlos.

⬤ Planeación estratégica y simulación de escenarios

✱ El futuro ya no es una incógnita… es un modelo analítico

La planeación estratégica tradicional se basaba en supuestos estáticos. Hoy, con Big Data, las organizaciones pueden construir modelos dinámicos que simulan diferentes escenarios futuros y permiten ajustar la estrategia en tiempo real.

🧑 Simulación de escenarios (What-if Analysis)

- Se crean modelos matemáticos o computacionales que evalúan posibles desenlaces bajo distintas condiciones.

- Variables como precios, demanda, costos logísticos o eventos externos se manipulan para prever su impacto.

- Permite a las empresas prepararse para crisis, identificar oportunidades ocultas o testear decisiones antes de ejecutarlas.

■ Técnicas utilizadas:

- Modelado predictivo y análisis de regresión.

- Árboles de decisión y análisis de sensibilidad.

- Machine Learning para pronósticos de comportamiento futuro.

✏️ **Caso de uso:** Una aerolínea puede simular qué pasaría si aumenta un 15% el costo del combustible, cómo afectaría a sus rutas, márgenes y demanda, y qué ajustes debería hacer para mantener su rentabilidad.

🍫 Ventaja competitiva y diferenciación mediante data science

⚔ Quien domina sus datos, domina su industria

La verdadera transformación estratégica ocurre cuando los datos dejan de ser solo una herramienta y se convierten en una fuente sostenible de ventaja competitiva. El Data Science, como disciplina, permite descubrir patrones ocultos, automatizar procesos clave y anticiparse al mercado.

🏆 Formas de generar ventaja competitiva con datos:

- Personalización extrema: Ofrecer experiencias únicas y relevantes para cada cliente.

- Optimización operativa: Eliminar ineficiencias que no son detectables a simple vista.

- Innovación basada en análisis: Identificar nuevas oportunidades de negocio antes que la competencia.

- Monetización de datos: Crear productos o servicios nuevos a partir de los propios datos.

📌 *Casos emblemáticos:*

- Spotify: Su motor de recomendación y descubrimiento de música ha sido clave para su crecimiento global.

- Zara: Usa datos de punto de venta para rediseñar colecciones en tiempo récord y liderar la moda rápida.

- Uber: Calcula precios dinámicos, asigna conductores y optimiza rutas en tiempo real con miles de variables.

🎤 Cultura organizacional orientada a los datos

🏛 El verdadero cambio es cultural, no tecnológico

Una estrategia basada en datos solo puede prosperar en una cultura organizacional que valore la evidencia, promueva la transparencia y capacite a sus colaboradores para usar datos en su día a día.

🧬 Características de una cultura data-driven:

- Acceso abierto a la información relevante.

- Formación continua en analítica, visualización y toma de decisiones.

- Procesos y KPIs alineados con insights basados en datos.

- Liderazgo comprometido con la transformación digital.

🪧 Barreras comunes que deben superarse:

- Silos de información entre departamentos.

- Resistencia al cambio o desconfianza hacia lo cuantitativo.

- Falta de talento en analítica y ciencia de datos.

🌱 Estrategias para cultivar esta cultura:

- Crear roles como Chief Data Officer (CDO) y Data Evangelists.

- Democratizar herramientas como dashboards o plataformas de BI.

- Fomentar proyectos internos de analítica con equipos mixtos (TI + negocio).

📌 *Ejemplo real:* Procter & Gamble adoptó una cultura basada en analítica de datos desde el CEO hasta el personal de planta. Hoy todos los empleados tienen acceso a dashboards y KPIs en tiempo real, y las decisiones de marketing, logística y producción se toman con base en analítica avanzada.

📌 Los datos como brújula de la estrategia moderna

✦ *En la era digital, el liderazgo empresarial ya no se mide solo por visión, sino por la capacidad de convertir datos en decisiones y decisiones en ventajas competitivas.*

✦ *Aquellas empresas que logren integrar la analítica en cada fibra de su estrategia —desde la visión corporativa hasta la operación diaria— serán las que marcarán el rumbo en sus respectivas industrias.*

✦ *La transformación digital no empieza con tecnología: empieza con mentes que piensan en datos, procesos que se adaptan al análisis y culturas que priorizan la evidencia.*

🧩 Capítulo 5: Arquitecturas y Tecnologías de Big Data

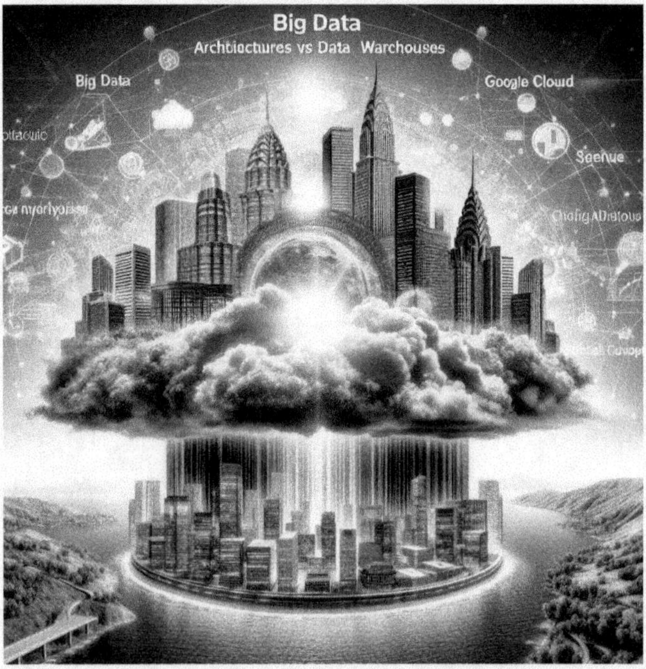

Infraestructuras modernas para capturar, almacenar, procesar y proteger datos a escala masiva

■ Data Lakes vs Data Warehouses

⬡ Entendiendo los fundamentos del almacenamiento masivo

Las empresas generan y consumen **cantidades monumentales de datos estructurados, semiestructurados y no estructurados. Para gestionarlos de manera eficaz, es clave entender las diferencias y usos complementarios entre dos grandes pilares del almacenamiento moderno:** *Data Warehouses (DWH)* **y** *Data Lakes.*

🏛 Data Warehouses (almacenes de datos):

- Repositorios centralizados diseñados para almacenar datos estructurados que provienen de distintas fuentes empresariales.

- Normalmente utilizados para reportes, dashboards y análisis BI.

- Ejemplo: ventas, inventarios, transacciones financieras.

💬 Características clave:

- Altamente estructurados y optimizados para consultas SQL.

- Procesos ETL (Extract, Transform, Load) antes de almacenar.

- Alta gobernanza y calidad de datos.

ℂ Data Lakes (lagos de datos):

- Almacenan datos en su forma bruta: estructurados, semiestructurados (JSON, XML) y no estructurados (videos, imágenes, logs, texto libre).

- Flexibles y escalables, ideales para Machine Learning y analítica avanzada.

● Características clave:

- Usan tecnologías como Hadoop Distributed File System (HDFS).

- Admite procesamiento posterior (ELT: Extract, Load, Transform).

- Menor costo por GB y más agilidad para los científicos de datos.

■ ¿Cuál usar? Ambos.

El enfoque moderno es el "Lakehouse", una arquitectura híbrida que combina la gobernanza del warehouse con la flexibilidad del data lake.

📌 *Ejemplo real:*

Una empresa de retail puede usar un DWH para generar reportes financieros mensuales, y un Data Lake para analizar imágenes de cámaras en tienda y sentimientos de clientes en redes sociales.

Computación en la nube: AWS, Azure, Google Cloud

La nube como columna vertebral del Big Data moderno

El volumen, velocidad y variedad de los datos ha hecho que las infraestructuras tradicionales sean insuficientes. Las plataformas de cloud computing han democratizado el acceso a arquitecturas potentes, escalables y globales para Big Data.

⬤ **Principales proveedores y sus ventajas**:

◆ *Amazon Web Services (AWS):*

- S3 para almacenamiento de objetos a gran escala.

- EMR (Elastic MapReduce) para procesar datos con Hadoop y Spark.

- Athena para consultas serverless sobre datos en S3.

- Redshift como DWH cloud-native.

- Glue para procesos ETL automáticos.

◆ *Microsoft Azure:*

- Azure Data Lake Storage para repositorios masivos.

- Synapse Analytics para warehousing y análisis híbrido.

- Azure Databricks para procesamiento colaborativo con Spark.

- Alta integración con herramientas Microsoft (Power BI, Excel, Teams).

⬤ *Google Cloud Platform (GCP):*

- BigQuery, un DWH altamente escalable con consultas en segundos.

- Cloud Storage para almacenamiento de datos brutos.

- Dataflow y Dataproc para procesamiento en tiempo real y por lotes.

- Fuerte foco en IA/ML con Vertex AI.

■ Ventajas del Big Data en la nube:

- Escalabilidad automática y global.

- Pago por uso real.

- Alta disponibilidad y recuperación ante desastres.

- Integración sencilla con herramientas de analítica, visualización e IA.

■ Procesamiento batch y en tiempo real

⏱ *Tiempo es información: cómo procesar datos según su velocidad*

El procesamiento de datos puede ser una operación por lotes (batch), donde se trabaja con grandes volúmenes en intervalos, o en tiempo real (streaming), donde la información se analiza al instante.

◆ Procesamiento Batch

- Típico de tareas que no requieren inmediatez: facturación, reportes de fin de mes, análisis histórico.

- Se usan herramientas como Apache Hadoop, Apache Spark, AWS EMR, Azure Data Factory.

- Más eficiente en costo para grandes volúmenes.

■ Ventajas:

- Eficiencia para procesos intensivos.

- Mayor control de calidad y limpieza previa.

- Ideal para entrenamiento de modelos ML con datos históricos.

▪ Procesamiento en Tiempo Real

- Procesa datos "on the fly": ideal para alertas, detección de fraudes, monitoreo de sensores IoT, precios dinámicos.

- Herramientas clave: Apache Kafka (mensajería), Spark Streaming, Flink, Google Dataflow.

⚡ *Ventajas:*

- Reacción inmediata ante eventos críticos.

- Mejora la experiencia del usuario (por ejemplo, recomendaciones en vivo).

- Útil para operaciones 24/7 o sensibles al tiempo.

🕹 *Ejemplo práctico:* Un videojuego online analiza en tiempo real el comportamiento de los jugadores para ajustar la dificultad del entorno o detectar trampas.

🔐 Seguridad y privacidad en ecosistemas Big Data

🛡️ *El poder de los datos requiere responsabilidad*

A mayor volumen, variedad y velocidad, mayor es el desafío de proteger los datos. En el entorno Big Data, la seguridad y la privacidad deben ser parte del diseño arquitectónico desde el inicio.

🔒 *Principales amenazas y riesgos:*

- Accesos no autorizados a sistemas distribuidos o buckets públicos.

- Fugas de información debido a malas configuraciones o falta de encriptación.

- Exposición de datos personales sensibles, con implicaciones legales (ej. GDPR, Ley de Habeas Data, CCPA).

💼 Buenas prácticas de seguridad:

- 🔑 Autenticación robusta y control de accesos con roles y permisos bien definidos.

- 🔐 Cifrado de datos en reposo y en tránsito (AES, TLS).

- ♟ Auditorías y monitoreo continuo de actividad en clústeres y almacenamiento.

- 📓 Cumplimiento normativo adaptado al país o industria (HIPAA, PCI-DSS, ISO 27001).

● Privacidad diferencial y anonimización de datos:

- Técnicas que permiten usar datos sensibles para análisis sin comprometer la identidad individual.

- Usadas especialmente en salud, banca y retail con alta sensibilidad personal.

✱ La arquitectura como columna vertebral del Big Data moderno

🌐 *Sin una arquitectura sólida, el Big Data se convierte en Big Caos. La selección correcta entre data lakes y warehouses, la adopción inteligente de la nube, y el equilibrio entre procesamiento batch y streaming, son decisiones estratégicas que marcan el futuro competitivo de cualquier organización.*

🔒 *Asimismo, no basta con procesar datos: hay que protegerlos. La confianza del usuario y el cumplimiento legal son tan importantes como la eficiencia o la escalabilidad.*

🚀 *En resumen, dominar la arquitectura y las tecnologías del Big Data no es opcional... es la única vía para liberar el verdadero valor que los datos pueden ofrecer.*

🏛 Capítulo 6:
Machine Learning y
Modelos Predictivos

Tipos de modelos: regresión, árboles de decisión, redes neuronales

◆ Regresión: el punto de partida del futuro

La regresión es una técnica clásica, pero sigue siendo una joya de la analítica predictiva. Ya sea lineal o logística, permite modelar relaciones entre variables para prever comportamientos futuros. Por ejemplo, una regresión lineal puede anticipar las ventas mensuales en función del presupuesto publicitario invertido, mientras que una logística puede predecir la probabilidad de que un cliente abandone un servicio.

✎ Sencilla, interpretable y poderosa: la regresión sigue siendo el primer paso para entender los datos antes de lanzarse a modelos más complejos.

◆ Árboles de decisión: claridad en cada bifurcación

Los árboles de decisión permiten descomponer problemas complejos en decisiones binarias simples, como si fueran preguntas sí/no. Este enfoque no solo es eficaz, sino altamente interpretable. Su capacidad de segmentar los datos de forma jerárquica los convierte en favoritos para entender el "por qué" detrás de una predicción.

■ *Se usan en segmentación de clientes, scoring de riesgo y clasificación de leads, entre muchos otros usos.*

◆ Redes neuronales: el cerebro artificial que todo lo ve

Inspiradas en el cerebro humano, las redes neuronales permiten modelar relaciones no lineales extremadamente complejas. Ya sean redes profundas (deep learning) o más simples, su poder radica en su capacidad para encontrar patrones ocultos en grandes volúmenes de datos.

● Son ideales para tareas como reconocimiento de imágenes, procesamiento de lenguaje natural o predicciones en tiempo real a gran escala. Aunque su precisión puede ser elevada, su opacidad (falta de interpretabilidad) exige cautela en ámbitos donde la transparencia es crítica.

◼ Entrenamiento, validación y evaluación

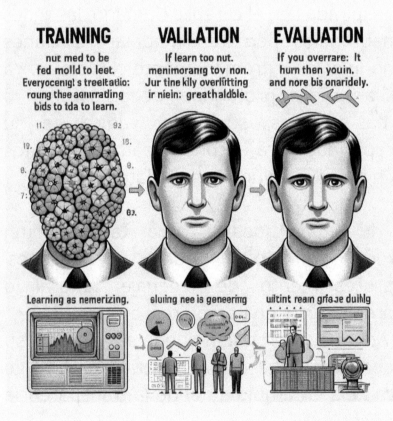

🔬 Entrenar no es memorizar: es aprender a generalizar

Todo modelo necesita ser alimentado con datos para aprender. Durante el entrenamiento, el algoritmo identifica patrones y relaciones. Pero cuidado: si aprende demasiado, corre el riesgo de sobreajustarse (overfitting) y fallar estrepitosamente con datos nuevos.

✏️ Validación: el laboratorio del modelo

Aquí se mide cómo se desempeña el modelo en datos que no ha visto durante el entrenamiento. Se ajustan hiperparámetros, se detectan errores y se pule el rendimiento para evitar que el modelo se vuelva demasiado optimista con los datos entrenados.

Usando métricas como precisión, recall, F1-score o AUC-ROC, se examina el comportamiento del modelo con datos totalmente nuevos. Este es el test definitivo para saber si un modelo está listo para el mundo real o si necesita más ajustes.

⬢ Modelos preentrenados vs modelos personalizados

🚀 *Modelos preentrenados: velocidad y eficiencia en estado puro*

Herramientas como GPT, BERT, ResNet o modelos de detección de fraude ya vienen "entrenados" con enormes volúmenes de datos. Esto permite integrarlos rápidamente a soluciones de negocio, reduciendo tiempos de desarrollo.

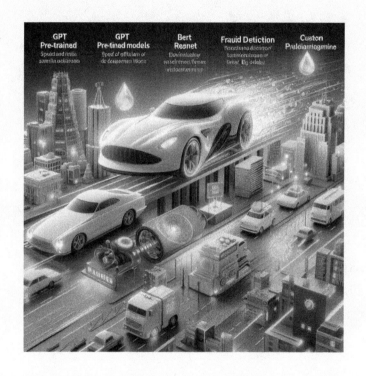

■ **Ventajas:** ahorro de tiempo, menos necesidad de expertos, rendimiento probado

Desventajas: menor control, posible sesgo oculto, ajuste limitado al contexto específico

🔧 *Modelos personalizados: hechos a medida para necesidades únicas*

Cuando se busca la máxima precisión o se trata de datos sensibles, entrenar un modelo desde cero (o mediante transfer learning) permite adaptar cada detalle a la realidad del negocio.

■ **Ventajas:** mayor alineación con los objetivos específicos, mejor explicabilidad

Desventajas: mayor inversión de tiempo, infraestructura, talento técnico

En la práctica, muchas empresas combinan ambos enfoques: aprovechan modelos preentrenados como base y los personalizan con sus propios datos.

✏️ Ejemplos de pipelines en proyectos reales

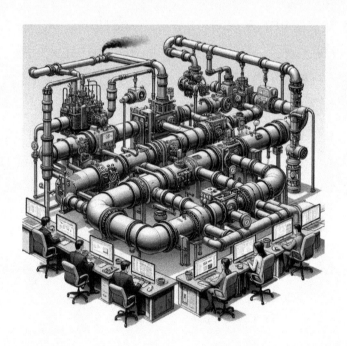

■ Pipeline típico de Machine Learning en negocio

1. Recolección de datos: CRM, sensores, redes sociales, historiales de compra.
2. Preprocesamiento: limpieza, normalización, codificación de variables categóricas.
3. Ingeniería de características: creación de nuevas variables relevantes.
4. Selección del modelo: prueba de varios algoritmos.
5. Entrenamiento y validación: partición del set de datos (train/test/validation).
6. Evaluación: métricas de desempeño.
7. Despliegue: integración en sistemas productivos, dashboards, apps.
8. Monitoreo: seguimiento constante para evitar el "drift" del modelo.

👜 **Ejemplo 1** - Retail: Modelo de clasificación para prever abandono de clientes, entrenado con variables como frecuencia de compra, quejas, valor promedio y visitas al sitio web.

🧰 **Ejemplo 2** - Salud: Red neuronal para predecir hospitalizaciones en pacientes crónicos usando historiales clínicos y factores de riesgo.

◼ **Ejemplo 3** - Banca: Árbol de decisión optimizado para detectar operaciones fraudulentas en tiempo real, con actualización continua del modelo.

🔍 Conclusión

El Machine Learning ya no es exclusivo de laboratorios o grandes corporaciones. Hoy, cualquier empresa que quiera tomar decisiones informadas y anticiparse al futuro tiene en los modelos predictivos una de sus herramientas más poderosas. Desde la regresión hasta el deep learning, lo que importa no es la complejidad del modelo, sino su alineación con los objetivos del negocio y su correcta implementación dentro de un ecosistema de datos maduro.

● Capítulo 7: Casos de Éxito Globales y Regionales

🛍 Amazon y la personalización del cliente

"La empresa más centrada en el cliente del planeta" lo logró gracias a los datos.

🔍 Amazon es sinónimo de personalización. Desde sus inicios, entendió que el poder de los datos no solo reside en acumular información, sino en traducirla en acciones que generen valor inmediato para el usuario.

A través de modelos de machine learning, Amazon construyó uno de los motores de recomendación más potentes del mundo. Analiza en tiempo real:

• Historial de navegación y compras

- Comportamiento de usuarios similares

- Tiempo de permanencia en páginas

- Frecuencia de búsqueda de productos

● ¿El resultado?

Recomendaciones hiperpersonalizadas que no solo aumentan la probabilidad de compra, sino que fidelizan al cliente. En muchas categorías, se estima que más del 35% de las ventas provienen directamente de su sistema de recomendación.

● *Pero hay más:*

- Optimización predictiva de inventario según zonas geográficas

- Análisis de sentimientos en reseñas para detectar mejoras en productos

- Sistemas de pricing dinámico que ajustan los precios basados en competencia, demanda, y comportamiento individual

💡 *Amazon no vende solo productos:* vende experiencias personalizadas a escala masiva gracias al Big Data.

🚙 Uber y su sistema predictivo de precios y demanda

Movilidad inteligente basada en modelos en tiempo real.

● Uber revolucionó el transporte urbano no solo con una app, sino con un sistema de datos vivo, capaz de leer el pulso de las ciudades al instante.

■ Sus algoritmos de predicción de demanda y pricing dinámico se alimentan de millones de datos por segundo:

- Ubicación GPS de usuarios y conductores

- Horario, clima, eventos locales

- Historial de viajes y patrones de movilidad

- Congestión del tráfico y cancelaciones

¿Cómo funciona el precio dinámico?

Cuando se detecta una alta demanda en una zona y pocos conductores disponibles, el sistema automáticamente incrementa el precio (surge pricing) para equilibrar oferta y demanda. Este sistema:

- Aumenta la disponibilidad de vehículos

- Incentiva a los conductores a dirigirse a zonas críticas

- Reduce los tiempos de espera del usuario

■ Además, Uber usa modelos de machine learning para:

- Predecir la duración del viaje y ETA (tiempo estimado de llegada)

- Identificar conductores de riesgo

- Optimizar rutas en función de patrones de tráfico históricos

- Detectar fraudes en tiempo real (cuentas falsas, cobros anómalos)

🌐 Uber es un caso icónico de cómo los datos no solo mejoran la eficiencia, sino que pueden rediseñar industrias enteras.

🏦 Bancos latinoamericanos: detección de fraudes y modelos de riesgo

La transformación financiera en América Latina también se escribe con algoritmos.

■ Los bancos de la región enfrentan desafíos únicos: inclusión financiera, bancarización, altos índices de fraude y estructuras de riesgo complejas. El uso de Big Data y analítica predictiva ha sido clave para modernizar sus operaciones y ganar ventaja competitiva.

🎥 Detección de fraudes

Los fraudes bancarios suelen ser rápidos, variados y difíciles de detectar con sistemas tradicionales. Gracias a modelos de clasificación y análisis en tiempo real, los bancos ahora pueden identificar comportamientos sospechosos al instante:

- Compras en ubicaciones no habituales

- Múltiples intentos de acceso fallidos

- Cambios bruscos en los patrones de gasto

- Inconsistencias entre el canal y el tipo de transacción

■ *Ejemplo:* Un banco colombiano logró reducir en un 70% las pérdidas por fraude en tarjetas de crédito al implementar modelos de detección basados en árboles de decisión y redes neuronales.

💰 Scoring de crédito inteligente

Tradicionalmente, el puntaje crediticio dependía de historiales formales. Hoy, muchos bancos utilizan datos alternativos como:

- Comportamiento en redes sociales

- Historial de pagos de servicios

- Frecuencia de navegación por apps financieras

- Transacciones móviles

Esto ha permitido ofrecer microcréditos a poblaciones previamente excluidas del sistema financiero.

■ *La banca regional está demostrando que, incluso con limitaciones estructurales, una cultura basada en datos puede modernizar completamente el ecosistema financiero.*

📋 PYMES que escalan gracias al análisis de datos

El Big Data ya no es solo para gigantes. También impulsa a los más pequeños.

■ *Las pequeñas y medianas empresas (PYMES)* están descubriendo que los datos no son un lujo, sino un recurso accesible y esencial para crecer. Herramientas como Google Analytics, Power BI, Tableau, Zoho Analytics y CRMs inteligentes están democratizando la analítica avanzada.

● *Ejemplo 1:* Restaurante en México

Una cadena de comida rápida utilizó análisis de datos de ventas y comportamiento de clientes para rediseñar su menú. Identificaron que ciertos combos se vendían más en zonas universitarias durante horarios específicos. Resultado: aumento del 30% en las ventas semanales en esas ubicaciones tras ajustes en promociones.

◆ *Ejemplo 2:* E-commerce en Perú

Una tienda de ropa online comenzó a usar modelos de predicción para anticipar la demanda por tallas y colores. Esto redujo sus costos de inventario un 25% y mejoró su tasa de entrega a tiempo en más de un 40%.

■ *Ejemplo 3:* Empresa logística en Argentina

Una PYME de entregas urbanas implementó rutas inteligentes con datos de tráfico y clima. Esto permitió ahorrar hasta 15% de combustible mensual y duplicar la cantidad de entregas por jornada.

💡 **Estas historias prueban que no se necesita ser una multinacional para usar datos con impacto. Lo que se necesita es**

visión, herramientas adecuadas y compromiso con la cultura data-driven.

● Conclusión: Datos que inspiran, enseñan y transforman

● *Desde gigantes globales hasta negocios regionales, el éxito tiene un factor común: decisiones informadas por datos. El Big Data y la analítica predictiva ya no son promesas del futuro: son el presente tangible de las organizaciones que lideran el cambio.*

🔍 *Lo que diferencia a estas empresas no es el tamaño de sus servidores, sino la claridad de su propósito y la disciplina para convertir la información en acción*.

Capítulo 8:
Desafíos Éticos y de Privacidad

El lado oscuro del Big Data... y cómo iluminarlo con responsabilidad.

👤 El dilema de los datos personales

"Si no estás pagando por el producto, tú eres el producto."

Esta frase, tan repetida como cierta, pone en evidencia uno de los mayores dilemas de la era digital: la explotación de los datos personales.

🔍 Cada clic, búsqueda, ubicación y preferencia registrada en línea se convierte en un activo valioso para empresas, gobiernos y plataformas tecnológicas. Sin embargo:

- ¿Sabemos realmente qué datos se recolectan sobre nosotros?

- ¿Tenemos control sobre su uso, almacenamiento o venta?

- ¿A qué riesgos nos exponemos cuando todo lo que somos está en bases de datos ajenas?

■ La falta de transparencia y consentimiento informado ha generado una profunda crisis de confianza. Casos como el de Cambridge Analytica, que extrajo información personal de millones de usuarios de Facebook para manipular elecciones, nos recuerdan que los datos mal utilizados pueden afectar incluso la democracia.

💡 *La paradoja es clara:* **el Big Data promete innovación y eficiencia, pero también puede significar vigilancia masiva, manipulación y pérdida de autonomía si no se maneja con ética.**

✕ Sesgos algorítmicos y discriminación automatizada

La inteligencia artificial puede ser tan injusta como quien la entrena.

■ Los algoritmos no son neutrales. Aunque se los percibe como objetivos, sus resultados dependen profundamente de los datos con los que fueron entrenados... y esos datos reflejan los prejuicios históricos de la sociedad.

📌 *Ejemplos reales de sesgos:*

- 👤 Sistemas judiciales predictivos que asignan mayor riesgo de reincidencia a personas negras.

- 💬 Algoritmos de contratación que discriminan currículos femeninos en áreas STEM.

- 🏠 Modelos de scoring crediticio que perjudican a poblaciones rurales o no bancarizadas.

👤 ¿Por qué ocurre esto?

Porque los modelos aprenden patrones históricos, y si esos patrones están cargados de desigualdades, los replican... e incluso los amplifican.

⬛ Además, muchos sistemas son "cajas negras": no se puede explicar por qué tomaron una decisión, lo que impide apelar o corregir fallos injustos.

■ La solución exige enfoques como:

- Auditorías algorítmicas periódicas

- Inclusión de equipos diversos en el diseño de sistemas

- Desarrollo de modelos explicables (Explainable AI)

- Uso de técnicas para balancear y anonimizar los datos de entrenamiento

💬 La ética en IA no es opcional: es esencial para construir un futuro justo y equitativo.

⚖ Regulaciones: GDPR, Habeas Data, Leyes locales

El marco legal como escudo del ciudadano en la era del dato.

Para enfrentar estos desafíos, han surgido regulaciones que buscan proteger al individuo frente al poder de los datos. Las más relevantes incluyen:

GDPR – Reglamento General de Protección de Datos (UE)

- Derecho al consentimiento informado

- Derecho al olvido

- Derecho a la portabilidad de datos

- Multas de hasta el 4% del ingreso global anual a empresas que incumplan

Este marco ha servido de inspiración global y exige que el tratamiento de datos esté basado en legalidad, transparencia, y responsabilidad proactiva.

📄 Habeas Data – Latinoamérica

Presente en muchas constituciones latinoamericanas (Colombia, Argentina, Perú), el Habeas Data garantiza el derecho a:

- Saber qué datos posee una entidad sobre una persona

- Solicitar su corrección o eliminación
- Exigir su uso adecuado

● *Este principio es clave para empoderar al ciudadano frente al Estado y las empresas.*

📌 *Otras leyes relevantes*

- CCPA (California Consumer Privacy Act) – Pionera en EE.UU.

- Ley Federal de Protección de Datos (México)

- Ley N° 29733 (Perú)

- Ley 1581 de 2012 (Colombia) y sus decretos reglamentarios

■ Estas leyes están en constante evolución, intentando adaptarse a tecnologías que avanzan más rápido que los marcos normativos.

🐗 Cómo implementar Big Data de forma ética y responsable

La verdadera innovación no es solo tecnológica, también es moral.

🏛 Las organizaciones que utilizan Big Data deben ir más allá del cumplimiento legal y adoptar una ética del dato. Esto implica:

● 1. Gobernanza del dato clara y transparente

- Definir roles y responsabilidades para el manejo de datos

- Establecer protocolos de clasificación, almacenamiento y acceso

- Aplicar políticas de minimización y conservación limitada

🔐 2. Seguridad desde el diseño (Privacy by Design)

- Encriptación de datos sensibles

- Sistemas de autenticación robustos

- Mecanismos de anonimización y pseudonimización

📣 3. Consentimiento real y comprensible

- Formularios claros, sin jerga técnica

- Explicación del uso específico que se dará a los datos

- Facilitar el retiro del consentimiento en cualquier momento

🔔 4. Ética algorítmica como eje central

- Evaluar impacto social y posibles consecuencias de los modelos

- Documentar procesos de entrenamiento y validación

- Evitar modelos opacos sin justificación (caja negra)

● 5. **Cultura data-driven responsable**

- Educar a todos los niveles de la organización sobre ética digital

- Incluir principios éticos en la misión y visión de la empresa

- Priorizar el bienestar del usuario sobre el beneficio inmediato

📌 Conclusión: Tecnología con conciencia

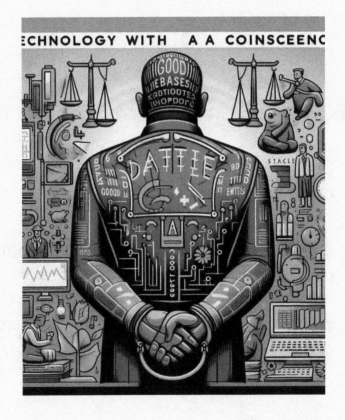

El Big Data no es bueno ni malo por sí mismo. Su valor —o su peligro— radica en cómo lo utilizamos.

Sin ética, los datos pueden ser herramientas de opresión. Con ética, se convierten en instrumentos de transformación positiva.

🔓 En un mundo donde cada byte cuenta, las organizaciones tienen la responsabilidad de proteger no solo la información, sino la dignidad de las personas.

El reto ya no es solo analizar datos...
💡 Es hacerlo bien. Con conciencia. Con humanidad.

🚀 Capítulo 9:
El Futuro del Big Data y la Analítica Predictiva

🧬 Inteligencia artificial avanzada + Big Data = decisiones autónomas

Cuando los datos no solo explican el presente... sino que anticipan y construyen el futuro.

El poder de los datos está evolucionando del análisis a la autonomía.

🔔 La integración entre Big Data e *Inteligencia Artificial avanzada (IA)* está dando paso a un nuevo paradigma: la toma de decisiones automática, autónoma y en tiempo real. Ya no hablamos solo de predecir, sino de actuar automáticamente según lo que los datos anticipan.

💡 *Por ejemplo:*

- Un sistema financiero que detecta una transacción sospechosa y la bloquea automáticamente en milisegundos.

- Una cadena logística que recalcula rutas y ajusta inventarios sin intervención humana.

- Plataformas de e-commerce que modifican precios en tiempo real según el comportamiento de los usuarios y el stock disponible.

🌐 **Este nivel de autonomía requiere tecnologías que trabajen juntas como un orquesta de datos inteligente:**

- Algoritmos de aprendizaje profundo que mejoran con la experiencia.

- Plataformas edge computing que procesan datos cerca del origen.

- Sistemas de feedback loop que aprenden y reajustan continuamente.

Pero también abre debates éticos cruciales:

¿Quién responde cuando una IA toma una decisión errada? ¿Debe haber límites a su autonomía? ¿Cómo garantizar transparencia?

💡 *El futuro no es solo de IA que predice, sino de IA que decide. Y eso lo cambia todo*

🌐 Internet de las Cosas (IoT) y datos en tiempo real

Cada objeto conectado se convierte en un sensor del mundo... y una fuente de datos constante.

■ *El crecimiento exponencial del Internet de las Cosas (IoT) significa que cada máquina, dispositivo, vehículo, electrodoméstico e incluso semáforo puede recolectar, transmitir y analizar datos.*

■ **¿Qué implica esto para el futuro del Big Data?**

- Volúmenes masivos e instantáneos de datos streaming

- Nuevos tipos de datos: geolocalización, sensores ambientales, señales biométricas

- Decisiones en tiempo real: ya no basta con procesar datos al final del día... hay que actuar ahora

⚒ *Tecnologías clave para este futuro:*

- Kafka y Spark Streaming para procesamiento en vivo

- 5G como infraestructura crítica para la velocidad y latencia

- Digital Twins: modelos virtuales de objetos físicos que simulan su comportamiento y optimizan su rendimiento

● *Ejemplos reales:*

- ■ Ciudades inteligentes que ajustan la iluminación y el tráfico automáticamente

- 🏭 Fábricas que detienen máquinas ante alertas predictivas de fallo

- 🏠 Hogares que aprenden rutinas y optimizan el uso de energía y seguridad

✴ *El mundo conectado es un mundo que produce datos sin descanso... y las organizaciones que sepan leer ese pulso en vivo, dominarán la próxima década*.

💼 Nuevos roles profesionales en la era del dato

La revolución de los datos no solo cambia la tecnología, también cambia las profesiones.

El auge del Big Data ha generado toda una nueva generación de roles profesionales especializados, indispensables para extraer valor real de los datos:

Chief Data Officer (CDO)

El nuevo C-level del futuro. Responsable de:

- Definir la estrategia de datos de toda la organización

- Asegurar gobernanza, calidad y ética de los datos

- Liderar la transformación cultural hacia el enfoque data-driven

● *Científico de Datos (Data Scientist)*

El alquimista de los datos. Combina estadística, programación y negocio para:

- Desarrollar modelos predictivos y prescriptivos

- Identificar patrones ocultos y oportunidades

- Prototipar soluciones inteligentes con ML e IA

🗣 *Data Translator*

El puente entre la técnica y el negocio.
Especialista en:

- Interpretar hallazgos de los analistas y científicos

- Comunicar insights de forma clara a líderes no técnicos

- Asegurar que los modelos realmente se usen y generen valor

■ *Otros perfiles emergentes:*

- Ingeniero de Datos (Data Engineer)

- Arquitecto de Soluciones de Big Data

- Especialista en Ética Algorítmica

- Analista de Datos con especialización en Visualización

◆ El futuro del talento exige un nuevo mindset: aprender, desaprender y reaprender tecnologías, lenguajes, marcos éticos y modelos de negocio con agilidad.

◼ ¿A dónde va el mundo de los datos?

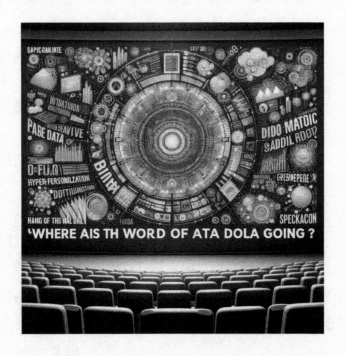

El Big Data no es una moda: es el lenguaje de la nueva civilización digital.

♟ Las tendencias que marcarán el rumbo en los próximos años incluyen:

📌 Data Fabric y Data Mesh

Modelos descentralizados que permiten compartir datos de manera ágil y gobernada entre diferentes unidades de una empresa, promoviendo autonomía sin perder control.

📌 Automatización avanzada (AutoML)

Herramientas que permiten construir modelos predictivos con poca intervención humana, democratizando el acceso a la analítica para áreas de negocio.

📌 Hiperpersonalización

Sistemas que entienden al cliente en profundidad y ofrecen experiencias únicas, desde productos hasta precios, contenidos o atención al cliente.

📌 Datos como servicio (DaaS)

Empresas que monetizan sus datos vendiéndolos en marketplaces, o integran datos de terceros para mejorar sus propios modelos.

📌 *Ética e inclusión como eje del desarrollo*

No hay futuro sostenible sin equidad, transparencia, regulación y respeto por los derechos digitales de las personas.

📌 *Cultura data-driven como estándar organizacional*

Las decisiones basadas en corazonadas ya no bastan. Las organizaciones que sobrevivan serán aquellas capaces de convertir los datos en acción concreta y continua.

Navegando el futuro con datos y propósito

El Big Data ha dejado de ser un área técnica o de nicho: es hoy la columna vertebral de la economía digital, del gobierno inteligente, del comercio global y de la innovación social.

📢 *Pero más allá de los algoritmos y las plataformas, el verdadero desafío está en cómo usamos ese poder con responsabilidad, creatividad y humanidad.*

Amigo lector como visionario del dato, te queda claro:

■ *Los datos del mañana se construyen con decisiones de hoy.*

Y en tus manos está usarlos no solo para predecir el futuro...

✦ *sino para diseñarlo.*

🔨 Capítulo 10: Cómo Comenzar un Proyecto de Big Data en tu Empresa

📋 Diagnóstico de madurez de datos

Del diagnóstico a la acción: una hoja de ruta inteligente para convertir datos en resultados.

No se puede construir un rascacielos si no sabes si tienes los cimientos listos.

🔍 Antes de hablar de IA, modelos predictivos o dashboards futuristas, es clave saber dónde estás parado en el ciclo de madurez analítica. Una autoevaluación inicial te permite:

- Evitar frustraciones por expectativas poco realistas

- Identificar brechas en infraestructura, cultura o talento

- Priorizar inversiones estratégicas

■ Niveles típicos de madurez:

1. Inicial (caótico): La empresa tiene datos, pero desorganizados y dispersos.

2. Reactivo: Se analizan datos históricos para explicar lo que pasó.

3. Proactivo: Se usan dashboards y visualizaciones para apoyar decisiones.

4. Predictivo: Se utilizan modelos para anticipar comportamientos y tendencias.

5. Prescriptivo: El sistema sugiere acciones óptimas, incluso de forma autónoma.

● *Evalúa dimensiones clave como:*

- Calidad de datos

- Integración entre sistemas

- Cultura de toma de decisiones basada en datos

- Capacidad técnica interna

- (herramientas, talentos, procesos)

💡 *Tip:* Usa frameworks como el Data Maturity Model o el Big Data Capability Assessment para estructurar este diagnóstico de manera profesional.

⬤ Roadmap por etapas: desde cero hasta el análisis predictivo

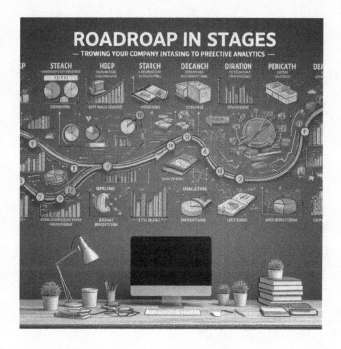

Transformar tu empresa en una organización data-driven no ocurre en una semana... pero cada paso bien dado multiplica el impacto.

📌 *Un roadmap bien diseñado permite escalar progresivamente:*

◆ **Etapa 1: Gobernanza y organización de datos**

- Inventario de fuentes de datos

- Limpieza, estandarización y control de calidad

- Creación de una estrategia de gobierno de datos (roles, políticas, responsables)

◆ **Etapa 2: Visualización y analítica descriptiva**

- Implementación de dashboards e informes automatizados

- Capacitación básica en analítica para tomadores de decisiones

- Primeros casos de uso simples (ej: ventas, marketing, inventario)

◆ **Etapa 3: Análisis avanzado y segmentación**

- Agrupamiento de clientes, detección de patrones de comportamiento

- Modelos simples de correlación y regresión

- Integración de fuentes externas (competencia, redes sociales, clima, etc.)

◆ **Etapa 4: Modelos predictivos y machine learning**

- Construcción de modelos para anticipar churn, demanda, fraude, etc.

- Validación y puesta en producción

- Integración con operaciones (sistemas ERP, CRM, logística, etc.)

◆ **Etapa 5: Automatización y optimización continua**

- Modelos prescriptivos que recomiendan acciones

- Monitorización de performance en tiempo real

- Ciclos de mejora continua con feedback automatizado

💡 *Lo clave es que cada etapa construya valor real y visible para el negocio. No se trata solo de tecnología, sino de resultados y transformación cultural.*

💡 Recomendaciones prácticas y errores comunes

Evitar errores comunes puede ser tan valioso como hacer las cosas bien .

✔️ Recomendaciones clave:

- 📣 Empieza por un caso de uso concreto y de alto impacto. No intentes arreglar todos los datos de la empresa de entrada.

- 👥 Involucra áreas de negocio desde el inicio. La analítica no es un proyecto de TI, sino una estrategia transversal.

- 💼 Piensa en el usuario final. ¿Quién tomará decisiones con esta información? ¿Qué necesita ver? ¿Con qué frecuencia?

- 💬 Capacita a tu equipo. La mejor tecnología no sirve si nadie sabe usarla o interpretarla.

- 📋 Documenta todo. Cada transformación, cada pipeline, cada modelo... debe quedar claro y replicable.

✕ *Errores frecuentes:*

- Apostar por herramientas costosas sin entender el problema real.

- Hacer proyectos sin visión de escalabilidad ni arquitectura sólida.

- Subestimar la complejidad de limpiar y gobernar los datos.

- Obsesionarse con la perfección técnica y olvidar el impacto de negocio.

- Dejar el tema ético o legal para el final (¡gran error!).

💡 El éxito está en el equilibrio: técnica sólida + visión estratégica + foco humano.

■ Cómo medir el ROI de un proyecto basado en datos

Lo que no se mide, no se mejora. Y lo que no se mejora... no sobrevive.

El retorno de inversión (ROI) en proyectos de Big Data puede medirse desde diferentes ángulos:

♦ **Ingresos adicionales generados**

- Aumento de ventas por personalización

- Recuperación de clientes gracias a predicción de abandono

- Nuevos servicios habilitados por analítica (ej: crédito instantáneo)

♦ **Costos evitados o reducidos**

- Reducción de fraudes o pérdidas logísticas

- Optimización de procesos operativos

- Automatización que reduce necesidad de intervención humana

◆ **Eficiencia y velocidad en la toma de decisiones**

- Tiempos de respuesta más cortos

- Mejora en la calidad de las decisiones

- Reducción de riesgos por decisiones mal informadas

◆ **Valor intangible y estratégico**

- Reputación como empresa innovadora

- Aumento del engagement de empleados y clientes

- Preparación para futuros desafíos competitivos

■ *Fórmulas simples pero potentes:*

- ROI = (Beneficio neto del proyecto – Coste total) / Coste total

- Payback = Tiempo que tarda el proyecto en cubrir su inversión inicial

- Tasa de adopción = % de áreas que utilizan activamente las herramientas

■ El verdadero ROI no solo está en los resultados inmediatos, sino en la capacidad de la empresa para aprender, adaptarse y evolucionar con los datos.

● Cierre: Empezar pequeño, pensar en grande, escalar rápido

Big Data no es solo para gigantes tecnológicos. Hoy cualquier empresa —desde una pyme hasta una multinacional— puede aprovechar el poder de los datos para ganar eficiencia, conocer mejor a sus clientes y tomar decisiones más inteligentes.

📌 *Pero el éxito depende de una cosa: pasar de la teoría a la acción con foco, método y propósito.*

Amigo lector con esto cerramos un ebook de otro nivel. Has construido una guía transformadora para cualquier empresa que quiera prosperar en la era digital. 🚀■

www.ingramcontent.com/pod-product-compliance
Lightning Source LLC
La Vergne TN
LVHW022343060326
832902LV00022B/4214